Wild Norway: Short Stories In Norwegian for Beginners

Artici Bilingual Books

Published by Artici Bilingual Books, 2024.

WILD NORWAY: SHORT STORIES IN NORWEGIAN FOR BEGINNERS

First edition. May 12, 2024.

Copyright © 2024 Artici Bilingual Books.

ISBN: 979-8224614455

Written by Artici Bilingual Books.

Table of Contents

Mysteriet om Nordlyset 1

The Mystery of the Northern Lights 3

Den Tapte Vikingbåten 5

The Lost Viking Ship 7

Den Forheksede Fjorden 9

The Enchanted Fjord 11

Trollskogens Vokter 13

The Guardian of the Troll Forest 15

Den Hviskende Fjellet 17

The Whispering Mountain 19

Midnattens Vokter av Trøllskogen 21

The Midnight Guardian of Trøllskogen 23

Fyrvokterens Hemmelighet 25

The Lighthouse Keeper's Secret 27

Isdragens Hule 29

The Ice Dragon's Lair 31

Skogens Sang 33

The Song of the Forest 35

Mysteriet ved Sølvvannet 37

The Mystery of the Silver Lake 39

De Hviskende Fossene 41

The Whispering Falls 43

Hemmeligheten til Det Skjulte Dalen 45

The Secret of the Hidden Valley 47

Arktisk Revenes ånd 49

The Spirit of the Arctic Fox 51

Vokteren av Midnattssolen 53

The Guardian of the Midnight Sun 55

Skogens Vokter 57

The Guardian of the Wilderness 59

Mysteriet om Nordlyset

I den lille landsbyen Nordlys, som lå gjemt i hjertet av Norge, bodde en nysgjerrig ung jente ved navn Astrid. Astrid hadde alltid vært fascinert av de mystiske nordlyset som danset over nattens himmel.

En kald vinterkveld, mens Astrid satt ved vinduet og stirret på stjernene, la hun merke til en uvanlig glans på himmelen. I spenning sprang hun ut, pakket seg inn i sin varmeste frakk og skjerf.

Etter de glitrende lysene fant Astrid seg selv langt inne i den snødekte skogen. Med hvert skritt virket det som om lyset trakk henne dypere inn i det ukjente. Plutselig snublet hun over en gammel, forlatt hytte gjemt blant trærne.

Modig dyttet Astrid opp den knirkete døren og gikk inn. Til hennes overraskelse var hytta fylt med gamle kart og gjenstander. Blant dem fant hun en falmet journal som detaljerte legendene om nordlyset.

Mens hun leste videre, lærte Astrid om en gammel vikingeskat skjult under isen. Fast bestemt på å avdekke sannheten, bega hun seg ut på et spennende eventyr, etter ledetrådene etterlatt av sine forfedre.

Gjennom iskalde huler og farlige fjell fortsatte Astrid, drevet av sin lidenskap for oppdagelse. Til slutt nådde hun hjertet av isbreen, der de glitrende lysene syntes å samles.

Med en følelse av undring avdekket Astrid den lenge tapte skatten, en uvurderlig relikvie fra Norges fortid. Mens hun holdt den i hendene, omgitt av de dansende lysene, visste Astrid at noen mysterier var ment å bli oppdaget.

Med skatten i hånden vendte Astrid tilbake til Nordlys, hvor hun delte sin historie med landsbyboerne. Fra den dagen av hadde nordlyset en enda større magi for Astrid, og minnet henne om det eventyret som hadde forandret livet hennes for alltid.

The Mystery of the Northern Lights

In the small village of Nordlys nestled in the heart of Norway, lived a curious young girl named Astrid. Astrid had always been fascinated by the mystical Northern Lights that danced across the night sky.

One cold winter evening, as Astrid sat by her window gazing at the stars, she noticed an unusual shimmer in the sky. Excitedly, she rushed outside, wrapping herself in her warmest coat and scarf.

Following the shimmering lights, Astrid found herself deep in the snowy forest. With each step, the lights seemed to draw her deeper into the unknown. Suddenly, she stumbled upon an old, abandoned cabin hidden among the trees.

Bravely, Astrid pushed open the creaky door and stepped inside. To her surprise, the cabin was filled with ancient maps and artifacts. Among them, she found a faded journal detailing the legends of the Northern Lights.

As she read on, Astrid learned of an ancient Viking treasure hidden beneath the ice. Determined to uncover the truth, she embarked on a thrilling adventure, following the clues left behind by her ancestors.

Through icy caves and treacherous mountains, Astrid persevered, fueled by her passion for discovery. Finally, she reached the heart of the glacier, where the shimmering lights seemed to converge.

With a sense of wonder, Astrid uncovered the long-lost treasure, a priceless relic from Norway's past. As she held it in her hands, surrounded by the dancing lights, Astrid knew that some mysteries were meant to be discovered.

With the treasure in hand, Astrid returned to Nordlys, where she shared her tale with the villagers. From that day on, the Northern Lights held an even greater magic for Astrid, reminding her of the adventure that had changed her life forever.

Den Tapte Vikingbåten

I den kystnære landsbyen Vik, gjemt mellom majestetiske klipper og bølgende bølger, bodde en ung gutt ved navn Erik. Erik tilbrakte dagene med å utforske de steinete strendene og drømte om eventyr på det åpne hav.

En stormfull ettermiddag, mens han gikk langs stranden og lette etter skatter skylt i land, snublet Erik over et værbitt kart gjemt i sanden. Det viste en mystisk øy langt borte på horisonten, markert med en X.

Fast bestemt på å løse mysteriet, fikk Erik hjelp av sin nærmeste venn, Ingrid, en livlig jente med en forkjærlighet for navigasjon. Sammen steg de om bord i farens gamle fiskebåt, og våget seg ut på de ville vannene i Nordsjøen.

Mens de reiste lenger hjemmefra, kjempet mot sterke vinder og bølger, oppdaget Erik og Ingrid ledetråder skjult i kartet. De dechifiserte gamle runer og fulgte stjernenes veiledning, nærmet seg sakte sitt unnvikende mål.

Etter dager til sjøs, oppdaget de endelig den rufsete silhuetten av den fjerne øya. Med banker hjerte av spenning, landet de på dens strender, møtt av majestetiske klipper og tette skoger.

Veiledet av kartet, dro Erik og Ingrid dypt inn i øyas indre, navigerte gjennom tett undervegetasjon og farlig terreng. Til slutt snublet de over en skjult lysning, der en storslått syn ventet dem.

Der, halvveis begravet under lag av mose og jord, lå restene av en mektig vikingbåt, dens eldgamle bjelker fortsatt intakte til tross for århundrenes gang. Med skjelvende hender fjernet Erik rusk og rask, avslørte intrikate utskjæringer og symboler som prydet skroget.

Mens de utforsket det glemte fartøyet, følte Erik og Ingrid en dyp tilknytning til de modige sjøfolkene som en gang hadde kalt det hjem.

De forestilte seg eventyrene de må ha begitt seg ut på, seilte over enorme hav og fjerne land.

Med oppdagelsen av den tapte vikingbåten, returnerte Erik og Ingrid til Vik som helter, deres hjerter fylt med utforskningens og oppdagelsens ånd. Og selv om deres eventyr hadde kommet til en slutt, visste de at havet holdt utallige flere mysterier som ventet på å bli avdekket.

The Lost Viking Ship

In the coastal village of Vik, nestled between towering cliffs and crashing waves, lived a young boy named Erik. Erik spent his days exploring the rocky shores and dreaming of adventure on the open sea.

One stormy afternoon, while combing the beach for treasures washed ashore, Erik stumbled upon a weathered map hidden in the sand. It depicted a mysterious island far beyond the horizon, marked with an X.

Determined to unravel the mystery, Erik enlisted the help of his closest friend, Ingrid, a spirited girl with a knack for navigation. Together, they set sail aboard Erik's father's old fishing boat, braving the wild waters of the North Sea.

As they journeyed farther from home, battling fierce winds and crashing waves, Erik and Ingrid discovered clues hidden within the map. They deciphered ancient runes and followed the guidance of the stars, inching closer to their elusive destination.

After days at sea, they finally spotted the rugged outline of the distant island. With hearts pounding with excitement, they landed on its shores, greeted by towering cliffs and dense forests.

Guided by the map, Erik and Ingrid ventured deep into the island's interior, navigating through tangled undergrowth and treacherous terrain. At last, they stumbled upon a hidden clearing, where a magnificent sight awaited them.

There, half-buried beneath layers of moss and earth, lay the remains of a mighty Viking ship, its ancient timbers still intact despite the passage of centuries. With trembling hands, Erik brushed away the debris, revealing intricate carvings and symbols adorning its hull.

As they explored the forgotten vessel, Erik and Ingrid felt a deep connection to the brave sailors who had once called it home. They imagined the adventures they must have embarked upon, sailing across vast oceans and distant lands.

With the discovery of the lost Viking ship, Erik and Ingrid returned to Vik as heroes, their hearts filled with the spirit of exploration and discovery. And though their adventure had come to an end, they knew that the sea held countless more mysteries waiting to be uncovered.

Den Forheksede Fjorden

I den rolige landsbyen Fjellheim, gjemt blant de majestetiske fjordene i Norge, bodde en ung jente ved navn Freya. Freya hadde alltid vært fascinert av skjønnheten rundt seg, spesielt de skimrende vannene i fjorden som strakte seg ut foran hjemmet hennes.

En klar morgen, mens Freya vandret langs den steinete stranden, oppdaget hun et merkelig objekt som duppet i de rolige bølgene. Med nysgjerrigheten vekket, vasset hun ut i det iskalde vannet og hentet objektet - en liten, intrikat utskåret trebåt.

Innskrevet på båtens skrog var runer som Freya ikke kunne tyde, noe som vekket fantasien og nysgjerrigheten hennes. Fast bestemt på å avdekke båtens opprinnelse, søkte hun visdom fra landsbyens eldste, Gamle Magnus, som var kjent for sin kunnskap om gamle legender.

Gamle Magnus lyttet oppmerksomt mens Freya beskrev oppdagelsen sin. Med et velkjent smil avslørte han historien om Den Forheksede Fjorden, en historie som var gått i arv gjennom generasjoner.

Legendene fortalte at for lenge siden hadde en vennlig sjøånd forhekset fjordens vann, og ga dem magiske krefter. Ifølge legenden ville de som våget seg inn i hjertet av fjorden få oppfylt et ønske, men bare hvis de hadde et rent hjerte og ukuelig mot.

Inspirert av legenden, bega Freya seg ut på en dristig reise over fjorden i den mystiske båten. Veiledet av vindens hvisking og de rolige strømmene, navigerte hun gjennom smale passasjer og majestetiske klipper til hun nådde hjertet av Den Forheksede Fjorden.

Mens hun stirret ut over den etereiske skjønnheten rundt seg, følte Freya en ærefrykt og undring ulik alt hun noen gang hadde opplevd. Med en stødig hånd og et hjerte fylt av håp, hvisket hun sitt dypeste ønske inn i vinden, og stolte på fjordens magi for å oppfylle ønsket sitt.

Som om i respons, skinte vannet med et strålende lys, og lyste opp fjorden med en ujordisk glød. Og i det øyeblikket visste Freya at ønsket hennes var blitt oppfylt, ikke med materiell rikdom eller jordiske eiendeler, men med en følelse av fred og tilfredshet som fylte sjelen hennes.

Med hjertet fullt av takknemlighet, vendte Freya tilbake til Fjellheim, for alltid forandret av møtet med Den Forheksede Fjorden. Og selv om hun aldri ville glemme magien hun hadde opplevd, visste hun også at de største underverkene ofte ble funnet i de enkleste øyeblikkene, ventende på å bli oppdaget av de med øyne som ser og hjerter som tror.

The Enchanted Fjord

In the tranquil village of Fjellheim, nestled amidst the majestic fjords of Norway, lived a young girl named Freya. Freya had always been captivated by the beauty of her surroundings, especially the shimmering waters of the fjord that stretched out before her home.

One crisp morning, as Freya wandered along the rocky shore, she spotted a peculiar object bobbing in the gentle waves. With curiosity piqued, she waded into the icy water and retrieved the object—a small, intricately carved wooden boat.

Inscribed on the boat's hull were runes that Freya couldn't decipher, sparking her imagination and curiosity. Determined to uncover the boat's origins, she sought the wisdom of the village elder, Old Magnus, who was known for his knowledge of ancient legends.

Old Magnus listened intently as Freya described her discovery. With a knowing smile, he revealed the tale of the Enchanted Fjord, a story passed down through generations.

Legend had it that long ago, a benevolent sea spirit had enchanted the waters of the fjord, imbuing them with magical powers. According to the legend, those who ventured into the heart of the fjord would be granted a wish, but only if they possessed a pure heart and unwavering courage.

Inspired by the legend, Freya embarked on a daring journey across the fjord in the mysterious boat. Guided by the whispers of the wind and the gentle currents, she navigated through narrow passages and towering cliffs until she reached the heart of the Enchanted Fjord.

As she gazed upon the ethereal beauty surrounding her, Freya felt a sense of awe and wonder unlike anything she had ever experienced. With a steady hand and a heart full of hope, she whispered her deepest desire into the wind, trusting in the magic of the fjord to fulfill her wish.

As if in response, the waters shimmered with a radiant light, illuminating the fjord with an otherworldly glow. And in that moment, Freya knew that her wish had been granted, not with material wealth or worldly possessions, but with a sense of peace and contentment that filled her soul.

With her heart full of gratitude, Freya returned to Fjellheim, forever changed by her encounter with the Enchanted Fjord. And though she would never forget the magic she had experienced, she also knew that the greatest wonders were often found in the simplest of moments, waiting to be discovered by those with eyes to see and hearts to believe.

Trollskogens Vokter

I den avsidesliggende villmarken i Norge, gjemt dypt inne i en tett skog, lå den mystiske Trollskogen. Ryktet om å være bebodd av mytiske skapninger, var skogen innhyllet i legender som ble overlevert gjennom generasjoner.

En modig sjel som våget å utforske dens dyp var en ung eventyrer ved navn Lars. Med et hjerte fullt av mot og en sinn fylt av nysgjerrighet, bega Lars seg ut på en reise for å avdekke sannheten bak fortellingene om troll og magi.

Veiledet av et gammelt kart overlevert fra sine forfedre, bega Lars seg inn i skogens hjerte, der majestetiske trær blokkerte ut sollyset og rare hviskinger gjallet gjennom underveksten.

Mens han fortsatte, snublet Lars over en skjult lysning badet i et uhyggelig blått lys. Der, stående høy og majestetisk, var et kolossalt tre ulikt noe han noensinne hadde sett. Dets kronglete grener strakte seg mot himmelen, og røttene vred og snoet seg som lemmer til en sovende kjempe.

Intrigert av treetes mystiske tilstedeværelse, nærmet Lars seg forsiktig, følende at han var i nærvær av noe gammelt og mektig. Mens han kom nærmere, la han merke til intrikate utskjæringer risset inn i barken, som avbildet scener av mytiske skapninger og lengst glemte slag.

Plutselig begynte bakken under Lars' føtter å skjelve, og fra skyggene dukket det opp en høy skikkelse - en vokter av Trollskogen, med øyne som glødet med et uvirkelig lys.

Men i stedet for frykt, følte Lars en følelse av slektskap med vokteren, som om de delte en bånd som transcenderer ord. Med en anerkjennende nik, vinket vokteren Lars nærmere, avslørende hemmeligheter skjult innenfor skogens dyp.

Sammen reiste de gjennom det fortryllede riket, møtte skapninger av legende og låste opp mysteriene til den eldgamle landet. Og mens de utforsket, oppdaget Lars at den sanne magien til Trollskogen lå ikke i dens myter eller legender, men i båndet smidd mellom usannsynlige allierte.

Med vokterens veiledning, vendte Lars tilbake til landsbyen, for alltid forandret av sitt eventyr i Trollskogen. Og selv om skogens mysterier ville fortsette å unnvike utenforstående, visste Lars at han bar inni seg et stykke av dens magi, en påminnelse om den fantastiske reisen som hadde formet hans skjebne.

The Guardian of the Troll Forest

In the remote wilderness of Norway, hidden deep within a dense forest, lay the mysterious Troll Forest. Rumored to be inhabited by mythical creatures, the forest was shrouded in legends passed down through generations.

One brave soul who dared to explore its depths was a young adventurer named Lars. With a heart full of courage and a mind filled with curiosity, Lars set out on a quest to uncover the truth behind the tales of trolls and magic.

Guided by an old map handed down from his ancestors, Lars ventured into the heart of the forest, where towering trees blocked out the sunlight and strange whispers echoed through the undergrowth.

As he pressed on, Lars stumbled upon a hidden clearing bathed in an eerie blue light. There, standing tall and majestic, was a colossal tree unlike any he had ever seen. Its gnarled branches reached towards the sky, and its roots twisted and tangled like the limbs of a slumbering giant.

Intrigued by the tree's mystical presence, Lars approached cautiously, sensing that he was in the presence of something ancient and powerful. As he drew nearer, he noticed intricate carvings etched into the bark, depicting scenes of mythical creatures and long-forgotten battles.

Suddenly, the ground beneath Lars' feet began to tremble, and from the shadows emerged a towering figure—a guardian of the Troll Forest, its eyes glowing with an otherworldly light.

But instead of fear, Lars felt a sense of kinship with the guardian, as if they shared a bond that transcended words. With a nod of recognition, the guardian beckoned Lars closer, revealing secrets hidden within the depths of the forest.

Together, they journeyed through the enchanted realm, encountering creatures of legend and unlocking the mysteries of the ancient land. And as they explored, Lars discovered that the true magic of the Troll Forest lay not in its myths or legends, but in the bond forged between unlikely allies.

With the guardian's guidance, Lars returned to the village, forever changed by his adventure in the Troll Forest. And though the mysteries of the forest would continue to elude outsiders, Lars knew that he carried within him a piece of its magic, a reminder of the wondrous journey that had shaped his destiny.

Den Hviskende Fjellet

I den billedskjønne dalen Mjølkedalen, gjemt mellom majestetiske fjelltopper og frodige enger, lå et fjell innhyllet i mysterium og legende. Kjent som Hvitnattfjell, ble det sagt å være hjemmet til eldgamle ånder som hvisket hemmeligheter til de som våget å bestige dets skråninger.

En sommermorgen dro en ung gjeter ved navn Kari ut fra familiens gård ved foten av Hvitnattfjell for å passe på sin flokk. Mens hun ledet sauene langs de svingete fjellstiene, kunne hun ikke riste av seg følelsen av nysgjerrighet som dro i hjertet hennes.

Drevet av en følelse av eventyr, bestemte Kari seg for å begi seg ut på en reise for å avdekke hemmelighetene til Det Hviskende Fjellet. Med en ryggsekk fylt med proviant og en ånd full av besluttsomhet, begynte hun sin oppstigning.

Jo høyere hun klatret, jo mer virket luften å synge med en ujordisk energi. Rare hviskinger gjallet gjennom de steinete raviner, ertet Kari med fragmenter av gamle fortellinger og glemt kunnskap.

Uavbrutt presset Kari seg videre, veiledet av hviskingene som syntes å bli høyere for hvert skritt. Da hun nådde toppen, ble hun møtt av et pustende syn - en skjult platå badet i gyllent sollys, med panoramautsikt over dalen nedenfor.

Men det var ikke landskapets skjønnhet som fanget Karis oppmerksomhet, men tilstedeværelsen av en ensom skikkelse som stod midt blant ville blomster - en vokter av Det Hviskende Fjellet, hvis form skinte med et eterealt lys.

Med en stemme så myk som brisen, snakket vokteren til Kari, avslørte hemmelighetene til Hvitnattfjell og de eldgamle åndene som bodde i dets dyp. De snakket om glemte tradisjoner og tapt visdom, om en tid da mennesker og natur var bundet sammen i harmoni.

Mens Kari lyttet, følte hun en dyp forbindelse til fjellet og dens vokter, som om hun hadde blitt valgt til å bære videre arven til de som hadde kommet før henne. Med takknemlighet i hjertet sverget hun å ære fjellet og beskytte dets hemmeligheter i generasjoner som kommer.

Med kunnskapen hun hadde fått fra Det Hviskende Fjellet, returnerte Kari til Mjølkedalen, for alltid forandret av hennes møte med de eldgamle åndene. Og selv om hun ville fortsette å passe på flokken sin og leve et enkelt liv, bar hun inni seg visdommen fra fjellet, en påminnelse om magien som eksisterte i verden for de som våget å lytte.

The Whispering Mountain

In the picturesque valley of Mjølkedalen, nestled between towering peaks and lush meadows, there lay a mountain shrouded in mystery and legend. Known as Hvitnattfjell, it was said to be home to ancient spirits that whispered secrets to those who dared to climb its slopes.

One summer morning, a young shepherd named Kari set out from her family's farm at the base of Hvitnattfjell to tend to her flock. As she guided her sheep along the winding mountain trails, she couldn't shake the feeling of curiosity that tugged at her heart.

Driven by a sense of adventure, Kari decided to embark on a journey to uncover the secrets of the Whispering Mountain. With a backpack filled with provisions and a spirit full of determination, she began her ascent.

The higher she climbed, the more the air seemed to hum with an otherworldly energy. Strange whispers echoed through the rocky ravines, teasing Kari with fragments of ancient tales and forgotten knowledge.

Undeterred, Kari pressed on, guided by the whispers that seemed to grow louder with each step. As she reached the summit, she was greeted by a breathtaking sight—a hidden plateau bathed in golden sunlight, with panoramic views of the valley below.

But it was not the beauty of the landscape that captured Kari's attention, but the presence of a lone figure standing amidst the wildflowers—a guardian of the Whispering Mountain, its form shimmering with an ethereal light.

With a voice as soft as the breeze, the guardian spoke to Kari, revealing the secrets of Hvitnattfjell and the ancient spirits that dwelled within its depths. They spoke of forgotten traditions and lost wisdom, of a time when humans and nature were bound together in harmony.

As Kari listened, she felt a deep connection to the mountain and its guardian, as if she had been chosen to carry on the legacy of those who had come before her. With gratitude in her heart, she vowed to honor the mountain and protect its secrets for generations to come.

With the knowledge she had gained from the Whispering Mountain, Kari returned to Mjølkedalen, forever changed by her encounter with the ancient spirits. And though she would continue to tend to her flock and live a simple life, she carried within her the wisdom of the mountain, a reminder of the magic that existed in the world for those who dared to listen.

Midnattens Vokter av Trøllskogen

I hjertet av den tette Trøllskogen, der skyggene danset blant eldgamle trær og hviskninger lå i luften, bodde en ung jente ved navn Signe. Oppvokst på fortellingene om mystiske skapninger og fortryllede land, ble Signe tiltrukket av skogens hemmeligheter som en møll til flammen. En månelys natt, mens Signe vandret gjennom de stille skogene, snublet hun over en skjult glenne badet i sølvlys. Der, under stjernenes baldakin, sto et majestetisk vesen - en vokter av skogen, med øyne som glitret med et uvirkelig skinn.

Selv om frykten dro i hjertet hennes, følte Signe ingen ondskap i vokterens blikk. Med en stemme som suset av blader, snakket vokteren til henne, avslørte den eldgamle pakten som bandt dem til å beskytte Trøllskogen mot skade.

Rørt av vokterens ord, lovet Signe å opprettholde skogens arv, og sverget å beskytte dens hemmeligheter og forsvare dens innbyggere mot de som ville forsøke å utnytte dens magi.

Fra den stunden ble Signe Midnattens Vokter av Trøllskogen, hennes bånd med skogen vokste sterkere for hver dag som gikk. Sammen med vokteren patruljerte hun de skyggefulle stiene og hvisket til åndene som bodde i dets dyp, og sørget for at Trøllskogens magi forble skjult for nysgjerrige øyne.

Og selv om verden utenfor skogens grenser visste ingenting om Signes rolle som vokter, hvisket skogens skapninger hennes navn med ærbødighet, takknemlige for hennes standhaftige beskyttelse.

I årenes løp vokste Signes legende, hennes navn ble synonymt med skogens magi selv. Og selv om hun aldri ville søke berømmelse eller formue, visste Signe at hun hadde funnet sin sanne hensikt i omfavnet av Trøllskogen, for alltid bundet til dens eldgamle rytmer og tidløse mysterier.

The Midnight Guardian of Trøllskogen

In the heart of the dense Trøllskogen forest, where shadows danced among ancient trees and whispers lingered in the air, lived a young girl named Signe. Raised on the tales of mystical creatures and enchanted lands, Signe was drawn to the forest's secrets like a moth to flame.

One moonlit night, as Signe wandered through the silent woods, she stumbled upon a hidden glade bathed in silver light. There, beneath the canopy of stars, stood a majestic creature—a guardian of the forest, its eyes gleaming with an otherworldly glow.

Though fear tugged at her heart, Signe sensed no malice in the guardian's gaze. With a voice like the rustle of leaves, the guardian spoke to her, revealing the ancient pact that bound them to protect Trøllskogen from harm.

Moved by the guardian's words, Signe pledged to uphold the forest's legacy, vowing to safeguard its secrets and defend its inhabitants from those who would seek to exploit its magic.

From that moment on, Signe became the Midnight Guardian of Trøllskogen, her bond with the forest growing stronger with each passing day. Together with the guardian, she patrolled the shadowed pathways and whispered to the spirits that dwelled within its depths, ensuring that the magic of Trøllskogen remained hidden from prying eyes.

And though the world beyond the forest's borders knew nothing of Signe's role as guardian, the creatures of Trøllskogen whispered her name with reverence, grateful for her steadfast protection.

As the years passed, Signe's legend grew, her name becoming synonymous with the magic of the forest itself. And though she would never seek fame or fortune, Signe knew that she had found her true purpose in the embrace of Trøllskogen, forever bound to its ancient rhythms and timeless mysteries.

Fyrvokterens Hemmelighet

På toppen av en karrig klippe med utsikt over Norges stormfulle hav sto det ensomme Skogvaktar Fyr, dets fyrkastere kastet et veiledende lys for seilere som var fortapt i mørket. I generasjoner hadde fyret stått som en stille vokter, dens hemmeligheter skjult innenfor de virvlende tåkene som omga det.

En stormfull natt ankom en ung kvinne ved navn Astrid Skogvaktar Fyr, og søkte tilflukt fra uværet som raste utenfor. Uten noe annet sted å gå, banket hun på den tunge tredøren, i håp om ly fra stormens raseri.

Til hennes overraskelse åpnet døren seg knirkende, og avslørte en eldre fyrvokter ved navn Henrik, hans værbitte ansikt rynket av år med ensomhet og sorg. Følende Astrids behov for varme og ly, ønsket Henrik henne velkommen inn, tilbød henne et varmt måltid og en tørr seng for natten.

Mens stormen raste utenfor, delte Astrid og Henrik historier ved peisen, deres latter blandet seg med den hylende vinden. Men under overflaten følte Astrid en tristhet i Henriks øyne, en byrde han bar med seg som en tung vekt.

Drevet av nysgjerrighet, presset Astrid Henrik for svar, ivrig etter å avdekke hemmelighetene som lå skjult innenfor fyrets vegger. Motvillig avslørte Henrik sannheten - at fyret hadde en hemmelig kammer under sine grunnmurer, et sted der forbudt magi hadde blitt praktisert i tidligere tider.

Intrigert av mysteriet, overtalte Astrid Henrik til å vise henne det hemmelige kammeret, og lovet å holde hans hemmeligheter trygge fra nysgjerrige blikk. Sammen steg de ned i fyrets dyp, der de oppdaget en skjult skatt av gamle artefakter og forbudt kunnskap.

Men mens de gransket kammerets hemmeligheter dypere, vekket de ubevisst en hvilende kraft som truet med å forbruke dem begge. Med stormen som raste utenfor og mørket som omgav dem, må Astrid og Henrik samarbeide for å beherske fyrets magi og redde seg fra mørket som truer med å omfavne dem.

Til slutt stiger de opp fra fyrets dyp, deres bånd sterkere enn noensinne og hjertene deres fylt med en nyoppdaget følelse av formål. Og selv om stormen kanskje har passert, vil hemmelighetene til Skogvaktar Fyr forbli skjult, kjent bare for de som våger å søke dem ut.

The Lighthouse Keeper's Secret

Perched atop a rugged cliff overlooking the stormy seas of Norway stood the solitary Skogvaktar Lighthouse, its beacon casting a guiding light for sailors lost in the darkness. For generations, the lighthouse had stood as a silent sentinel, its secrets hidden within the swirling mists that surrounded it.

One stormy night, a young woman named Astrid arrived at Skogvaktar Lighthouse, seeking refuge from the tempest that raged outside. With nowhere else to turn, she knocked on the heavy wooden door, hoping for shelter from the fury of the storm.

To her surprise, the door creaked open to reveal an elderly lighthouse keeper named Henrik, his weathered face lined with years of solitude and sorrow. Sensing Astrid's need for warmth and shelter, Henrik welcomed her inside, offering her a hot meal and a dry bed for the night.

As the storm raged on outside, Astrid and Henrik shared stories by the fireside, their laughter mingling with the howling wind. But beneath the surface, Astrid sensed a sadness in Henrik's eyes, a burden he carried with him like a heavy weight.

Driven by curiosity, Astrid pressed Henrik for answers, eager to uncover the secrets that lay hidden within the walls of the lighthouse. Reluctantly, Henrik revealed the truth—that the lighthouse held a secret chamber beneath its foundations, a place where forbidden magic had been practiced in ages past.

Intrigued by the mystery, Astrid convinced Henrik to show her the secret chamber, promising to keep his secrets safe from prying eyes. Together, they descended into the depths of the lighthouse, where they discovered a hidden trove of ancient artifacts and forbidden knowledge.

But as they delved deeper into the chamber's secrets, they unwittingly awakened a dormant power that threatened to consume them both.

With the storm raging outside and darkness closing in around them, Astrid and Henrik must work together to harness the magic of the lighthouse and save themselves from the darkness that threatens to engulf them.

In the end, they emerge from the depths of the lighthouse, their bond stronger than ever and their hearts filled with a newfound sense of purpose. And though the storm may have passed, the secrets of Skogvaktar Lighthouse will remain hidden, known only to those who dare to seek them out.

Isdragens Hule

I den frosne vidstrakte Norskeisbreen, der de bitre vindene ulte og isen strakte seg så langt øyet kunne se, lå det en hule av legende - Isdragens hule. Få våget å nærme seg, for fortellingene snakket om dens fryktinngytende kraft og isete ånde som kunne fryse en mann fast på et øyeblikk.

Likevel våget en fryktløs sjel å trodse advarslene og søke ut dragenes hule. Hennes navn var Eira, en ung jegerinne kjent for sin dyktighet med en bue og hennes urokkelige mot. Drevet av et ønske om å bevise sin verdi og avdekke sannheten bak de eldgamle fortellingene, bega Eira seg ut på en farefull reise over det frosne ødemarken.

Mens hun trasket gjennom snøen, med pusten som dannet frostige skyer i den bitende luften, følte Eira isens blikk på seg - en stille vokter som overvåket hvert av hennes trekk. Uavbrutt presset hun seg videre, veiledet av en følelse av besluttsomhet som brant inni henne som en flamme mot kulden.

Endelig, etter dager med ustanselig forfølgelse, nådde Eira inngangen til Isdragens hule - en gapende munn hugget inn i siden av isbreen, rammet inn av høye iskrystaller som glitret som dolker i sollyset.

Med tilbakeholdt pust gikk Eira inn i hulen, hjertet banket av en blanding av frykt og spenning. Inne fant hun seg omringet av et labyrint av isete tunneler og glitrende krystaller, hvert skritt ekkoet med lyden av hennes eget hjerteslag.

Mens hun beveget seg dypere inn i hulen, møtte Eira utfordringer som testet hennes styrke og besluttsomhet - en farlig kløft å krysse, en labyrint av frosne korridorer å navigere, og til slutt, en kammer badet i et uhyggelig blått lys hvor Isdragen selv ventet.

Med nerver av stål møtte Eira dragen, buen klar og blikket urokkelig. Til hennes overraskelse angrep ikke dragen, men betraktet henne i stedet med en nysgjerrig glimt i sine krystallklare øyne.

Gjennom en taus utveksling av forståelse, skjønte Eira at dragen ikke var et vesen av ondskap, men en vokter av isbreen - en beskytter av det frosne riket som hadde vært dens hjem i århundrer.

Med en respektfull nikk anerkjente Eira dragens tilstedeværelse og snudde seg for å forlate hulen, hennes søken etter svar oppfylt og hennes respekt for det eldgamle vesenet forsterket. Og selv om reisen tilbake til sivilisasjonen ville være lang og møysommelig, visste Eira at hun bar med seg en fortelling om tapperhet og undring som ville bli fortalt i generasjoner.

The Ice Dragon's Lair

In the frozen expanse of the Norskeisen Glacier, where the bitter winds howled and the ice stretched as far as the eye could see, there lay a cavern of legend—the lair of the Ice Dragon. Few dared to venture near, for tales spoke of its fearsome power and icy breath that could freeze a man solid in an instant.

Yet, one fearless soul dared to defy the warnings and seek out the dragon's lair. Her name was Eira, a young huntress known for her skill with a bow and her unwavering courage. Driven by a desire to prove her worth and uncover the truth behind the ancient tales, Eira embarked on a perilous journey across the frozen wasteland.

As she trudged through the snow, her breath forming frosty clouds in the frigid air, Eira felt the eyes of the glacier upon her—a silent sentinel watching her every move. Undeterred, she pressed on, guided by a sense of determination that burned within her like a flame against the cold.

Finally, after days of relentless pursuit, Eira reached the mouth of the Ice Dragon's Lair—a gaping maw carved into the side of the glacier, framed by towering icicles that gleamed like daggers in the sunlight.

With bated breath, Eira entered the cavern, her heart pounding with a mixture of fear and excitement. Inside, she found herself surrounded by a labyrinth of icy tunnels and shimmering crystals, each step echoing with the sound of her own heartbeat.

As she ventured deeper into the lair, Eira encountered challenges that tested her strength and resolve—a treacherous chasm to cross, a maze of frozen corridors to navigate, and finally, a chamber bathed in an eerie blue light where the Ice Dragon itself lay in wait.

With nerves of steel, Eira faced the dragon, her bow at the ready and her gaze unwavering. To her surprise, the dragon did not attack, but instead regarded her with a curious gleam in its crystalline eyes.

Through a silent exchange of understanding, Eira realized that the dragon was not a creature of malice, but a guardian of the glacier—a protector of the frozen realm that had been its home for centuries.

With a respectful nod, Eira acknowledged the dragon's presence and turned to leave the lair, her quest for answers fulfilled and her respect for the ancient creature deepened. And though the journey back to civilization would be long and arduous, Eira knew that she carried with her a tale of bravery and wonder that would be told for generations to come.

Skogens Sang

I hjertet av Norges frodige skoger, der sollyset filtrerte gjennom trekronene og fuglesangen fylte luften, bodde en ung musiker ved navn Olaf. Med fløyten i hånden og en melodi i hjertet, vandret Olaf gjennom skogen, vevende musikk inn i selve stoffet av den naturlige verden.

En dag, mens han vandret dypere inn i skogen enn noensinne tidligere, snublet Olaf over en skjult glenne badet i dappled sollys. Der, under de mektige trærne, sto det majestetiske en hjort, dets gevir kronet med blader og blomster.

Forhekset av skapningens skjønnhet før ham, løftet Olaf fløyten til leppene og begynte å spille - en melodi som ekkoet gjennom skogen som en mild bris, røre bladene og rustling i underveksten.

Til hans forbløffelse løftet hjorten hodet sitt og sluttet seg til sangen, dens stemme en hjemsøkende ekko av Olafs fløyte. Sammen vevde de et teppe av lyd som transcenderte språk og tid, fylte skogen med en følelse av magi og undring.

Mens musikken hvirvlet rundt dem, følte Olaf en dyp forbindelse til den naturlige verden, en følelse av tilhørighet han aldri hadde opplevd før. Gjennom sangen forsto han at han ikke bare var en besøkende i skogen, men en del av selve essensen - en vokter av dens skjønnhet og en forvalter av dens harmoni.

Fra den dagen vendte Olaf tilbake til glennen gang på gang, hver besøk dypere hans bånd med skogen og dens innbyggere. Og selv om han fortsatte å vandre verden med fløyten i hånden, visste han at hans sanne hjem alltid ville være blant trærne, der skogens sang ekkoet gjennom tidene, et bevis på naturens tidløse magi.

The Song of the Forest

In the heart of Norway's verdant woodlands, where sunlight filtered through the canopy and birdsong filled the air, there lived a young musician named Olaf. With his flute in hand and a melody in his heart, Olaf wandered through the forest, weaving music into the very fabric of the natural world.

One day, as he wandered deeper into the forest than ever before, Olaf stumbled upon a hidden glade bathed in dappled sunlight. There, beneath the towering trees, stood a majestic stag, its antlers crowned with leaves and flowers.

Mesmerized by the beauty of the creature before him, Olaf raised his flute to his lips and began to play—a melody that echoed through the forest like a gentle breeze, stirring the leaves and rustling the undergrowth.

To his amazement, the stag raised its head and joined in the song, its voice a haunting echo of Olaf's flute. Together, they wove a tapestry of sound that transcended language and time, filling the forest with a sense of magic and wonder.

As the music swirled around them, Olaf felt a deep connection to the natural world, a sense of belonging that he had never experienced before. Through the song, he understood that he was not merely a visitor in the forest, but a part of its very essence—a guardian of its beauty and a steward of its harmony.

From that day on, Olaf returned to the glade time and time again, each visit deepening his bond with the forest and its inhabitants. And though he continued to wander the world with his flute in hand, he knew that his true home would always be among the trees, where the song of the forest echoed through the ages, a testament to the timeless magic of nature.

Mysteriet ved Sølvvannet

I den avsidesliggende villmarken i Norge, gjemt blant majestetiske fjell og tette skoger, lå det rolige Sølvvannet - en vannmasse innhyllet i mysterium og legende. Dets rolige overflate speilet det omkringliggende landskapet som et speil, og ga opphav til fortellinger om skjulte skatter og eldgamle forbannelser.

En sommerdag bega en nysgjerrig ung eventyrer ved navn Magnus seg ut for å avsløre hemmelighetene til Sølvvannet. Utstyrt med lite mer enn et kart og en følelse av besluttsomhet, begynte han på en reise som ville føre ham til villmarkens hjerte.

Mens Magnus vandret gjennom det ujevne terrenget, møtte han hindringer både naturlige og overnaturlige - en farlig kløft, en heftig storm, og hviskninger om usynlige krefter som lurte i skyggene.

Uavbrutt fortsatte Magnus, veiledet av en indre følelse av formål som drev ham stadig fremover. Endelig, etter dager med ustanselig forfølgelse, nådde han bredden av Sølvvannet, dets vann skimmer i sollyset som flytende sølv.

Men mens Magnus betraktet den rolige overflaten, følte han en tilstedeværelse som observerte ham fra dypet under - en vokter av sjøen, dens form skjult av de skiftende strømmene.

Med en følelse av skjelving nærmet Magnus seg vannkanten, hjertet hans hamret av forventning. Og da han dyppet hånden sin i innsjøens kjølige favn, følte han en bølge av energi som strømmet gjennom ham - en forbindelse til noe eldgammelt og kraftfullt, som ventet på å bli avdekket.

Med nyoppdaget mot dykket Magnus ned i Sølvvannets dyp, der han oppdaget en skjult hule fylt med skatter utenom det vanlige - glitrende juveler, eldgamle artefakter og relikvier fra en svunnen tid.

Men blant rikdommene avdekket Magnus noe langt mer verdifullt - en glemt legende inngravert på huleveggene, som detaljerte Sølvvannets sanne natur og dens rolle som vokter av den naturlige verden.

Med denne nyoppdagede kunnskapen vendte Magnus tilbake til sivilisasjonen, for alltid forandret av hans møte med Sølvvannet. Og selv om villmarkens mysterier fortsatte å unngå ham, visste han at han bar med seg en del av dens magi, en påminnelse om de tidløse underverkene som ventet på de som våget å søke dem ut.

The Mystery of the Silver Lake

In the remote wilderness of Norway, nestled among towering mountains and dense forests, lay the serene Silver Lake—a body of water shrouded in mystery and legend. Its tranquil surface reflected the surrounding landscape like a mirror, giving rise to tales of hidden treasures and ancient curses.

One summer day, a curious young adventurer named Magnus set out to unravel the secrets of the Silver Lake. Armed with little more than a map and a sense of determination, he embarked on a journey that would lead him to the heart of the wilderness.

As Magnus trekked through the rugged terrain, he encountered obstacles both natural and supernatural—a treacherous ravine, a fierce storm, and whispers of unseen forces that lurked in the shadows.

Undeterred, Magnus pressed on, guided by an inner sense of purpose that drove him ever forward. Finally, after days of relentless pursuit, he reached the shores of the Silver Lake, its waters shimmering in the sunlight like liquid silver.

But as Magnus gazed upon the tranquil surface, he sensed a presence watching him from the depths below—a guardian of the lake, its form obscured by the shifting currents.

With a sense of trepidation, Magnus approached the water's edge, his heart pounding with anticipation. And as he dipped his hand into the cool embrace of the lake, he felt a surge of energy coursing through him—a connection to something ancient and powerful, waiting to be uncovered.

With newfound courage, Magnus plunged into the depths of the Silver Lake, where he discovered a hidden cavern filled with treasures beyond imagination—gleaming jewels, ancient artifacts, and relics of a bygone era.

But amidst the riches, Magnus uncovered something far more valuable—a forgotten legend inscribed on the cavern walls, detailing the true nature of the Silver Lake and its role as a guardian of the natural world.

With this newfound knowledge, Magnus returned to civilization, forever changed by his encounter with the Silver Lake. And though the mysteries of the wilderness would continue to elude him, he knew that he carried within him a piece of its magic, a reminder of the timeless wonders that awaited those who dared to seek them out.

De Hviskende Fossene

Langt inne i de frodige skogene i Norge, der trærne sto høyt og luften var levende med fuglesangens kor, lå en skjult perle kjent som De hviskende fossene. Gjemt bort fra nysgjerrige øyne, fosset fossen nedover mosekledde steiner med en mild, beroligende lyd, som om den delte hemmeligheter med den omkringliggende villmarken.

En solrik morgen snublet en nysgjerrig ung jente ved navn Freja over De hviskende fossene mens hun utforsket skogen med sin trofaste hund, Loki. Forhekset av den melodiske symfonien av vann og den fortryllende atmosfæren, følte Freja seg trukket mot å avdekke mysteriet bak fossens navn.

Mens hun nærmet seg det skimmerende bassenget ved foten av fossen, la Freja merke til et merkelig fenomen - vannet syntes å danne mønstre, virvlende og dansende i harmoni med den omkringliggende vegetasjonen. Forhekset av synet, strakte hun ut hånden sin, og kjente en svak prikking da fingertuppene hennes børstet mot overflaten.

I det øyeblikket hørte Freja hvisking - en myk, etereal stemme som syntes å komme fra selve hjertet av fossen. Selv om hun ikke kunne skille ordene, følte hun en dyp forbindelse til skogens eldgamle ånd, som om den nådde ut til henne med en melding.

Fast bestemt på å låse opp hemmelighetene til De hviskende fossene, returnerte Freja dag etter dag, lyttende intenst til det rolige mumlet av vannet og observerende dens stadig skiftende mønstre. Med hver visitt følte hun seg mer tilpasset til naturens rytmer, som om fossen ledet henne på en reise av selvoppdagelse.

Og så, en skjebnesvanger kveld da solen sank under horisonten, forsto Freja endelig - fossens hvisking var ikke ord å tyde, men en sang å føles med hjertet. I det klare øyeblikket lukket hun øynene og overgav seg til melodien, og lot den skylle over henne som en mild bris.

Fra den dagen ble Freja vokteren av De hviskende fossene, delte dens magi med alle som våget seg inn i skogen. Og selv om fossens mysterier forble en hemmelighet kjent bare for henne og Loki, tjente deres tilstedeværelse som en påminnelse om den dype skjønnheten og visdommen som kunne bli funnet i den naturlige verden for de som var villige til å lytte.

The Whispering Falls

Deep within the lush forests of Norway, where the trees stood tall and the air was alive with the chorus of birdsong, lay a hidden gem known as the Whispering Falls. Tucked away from prying eyes, the falls cascaded down moss-covered rocks with a gentle, soothing sound, as if sharing secrets with the surrounding wilderness.

One sunny morning, a curious young girl named Freja stumbled upon the Whispering Falls while exploring the forest with her faithful dog, Loki. Entranced by the melodic symphony of water and the enchanting atmosphere, Freja felt drawn to uncover the mystery behind the falls' name.

As she approached the shimmering pool at the base of the falls, Freja noticed a peculiar phenomenon—the water seemed to form patterns, swirling and dancing in harmony with the surrounding foliage. Mesmerized by the sight, she reached out her hand, feeling a faint tingling sensation as her fingertips brushed against the surface.

In that moment, Freja heard whispers—a soft, ethereal voice that seemed to emanate from the very heart of the falls. Though she couldn't discern the words, she felt a profound connection to the ancient spirit of the forest, as if it were reaching out to her with a message.

Determined to unlock the secrets of the Whispering Falls, Freja returned day after day, listening intently to the gentle murmurs of the water and observing its ever-changing patterns. With each visit, she felt herself growing more attuned to the rhythms of nature, as if the falls were guiding her on a journey of self-discovery.

And then, one fateful evening as the sun dipped below the horizon, Freja finally understood—the whispers of the falls were not words to be deciphered, but a song to be felt with the heart. In that moment of clarity, she closed her eyes and surrendered to the melody, allowing it to wash over her like a gentle breeze.

From that day forth, Freja became the guardian of the Whispering Falls, sharing its magic with all who ventured into the forest. And though the mysteries of the falls remained a secret known only to her and Loki, their presence served as a reminder of the profound beauty and wisdom that could be found in the natural world for those willing to listen.

Hemmeligheten til Det Skjulte Dalen

I hjertet av Norges barske terreng, gjemt mellom majestetiske fjell og tette skoger, lå en skjult dal kun kjent av noen få - et sted uberørt av tid og uberørt av den ytre verden. Dette var Det Skjulte Dalen, en oase for de som søkte tilflukt fra kaoset i det moderne livet.

En sommerdag snublet en ung oppdagelsesreisende ved navn Henrik over inngangen til Det Skjulte Dalen mens han vandret gjennom villmarken. Dratt av en mystisk tiltrekning, vandret han dypere inn i dalen, guidet av susende vinder og raslende blader.

Mens Henrik ferdes videre, oppdaget han at Det Skjulte Dalen var et sted av undring og magi. Krystallklare bekker fløt gjennom frodige enger, mens ville blomster blomstret i livlige farger langs bredden. Gamle trær sto vakt over landskapet, deres grener strakte seg mot himmelen i stille ærbødighet.

Men midt i dalens skjønnhet, følte Henrik en tilstedeværelse - en følelse av at han ikke var alene. Intrigert, fulgte han en svingende sti som ledet ham til en skjult glenne, der han møtte en enslig skikkelse stående blant ville blomster.

Skikkelsen introduserte seg som Freya, vokteren av Det Skjulte Dalen. Med øyne så lyse som morgensolen, ønsket Freya Henrik velkommen og delte med ham dalens mest dyrebare hemmelighet - en skjult lund der tiden stod stille og drømmer ble virkelighet.

I hjertet av lunden oppdaget Henrik en skimrende dam som ble matet av en naturlig kilde, dens vann reflekterte fargene i det omkringliggende landskapet som et speil. Forhekset av dammens skjønnhet, dyppet Henrik hånden i det kjølige vannet og følte en bølge av energi strømme gjennom årene sine.

Med Freyas veiledning lærte Henrik å utnytte kraften i dammen, låse opp sine innerste ønsker og frigjøre sitt sanne potensiale. Sammen utforsket de undringene til Det Skjulte Dalen, dykket ned i dens skjulte dybder og låste opp dens eldgamle mysterier.

Mens dagene ble til uker og ukene ble til måneder, dypet Henriks bånd med Freya seg, og han begynte å se på henne som mer enn bare en vokter av dalen - hun var en sjelsfrende, en venn og en mentor.

Og selv om Henrik til slutt vendte tilbake til den ytre verden, hadde tiden hans i Det Skjulte Dalen forandret ham for alltid. Med Freyas læresetninger som veiledet ham, begynte han på en ny reise, spre dalens magi hvor han enn gikk og bar dens hemmeligheter i hjertet sitt for alltid.

For Det Skjulte Dalen var ikke bare et sted - det var en sinnstilstand, en oase for de som våget å drømme og en påminnelse om at ekte magi kunne bli funnet på de mest uventede steder.

The Secret of the Hidden Valley

In the heart of Norway's rugged terrain, nestled between towering mountains and dense forests, lay a hidden valley known only to a few—a place untouched by time and untouched by the outside world. This was the Secret Valley, a sanctuary for those seeking refuge from the chaos of modern life.

One summer day, a young explorer named Henrik stumbled upon the entrance to the Secret Valley while trekking through the wilderness. Drawn by a mysterious pull, he ventured deeper into the valley, guided by the whispering winds and the rustling leaves.

As Henrik journeyed further, he discovered that the Secret Valley was a place of wonder and magic. Crystal-clear streams flowed through the lush meadows, while wildflowers bloomed in vibrant hues along the banks. Ancient trees stood sentinel over the landscape, their branches reaching towards the sky in silent reverence.

But amidst the beauty of the valley, Henrik sensed a presence—a feeling that he was not alone. Intrigued, he followed a winding path that led him to a hidden glade, where he encountered a solitary figure standing amidst the wildflowers.

The figure introduced herself as Freya, the guardian of the Secret Valley. With eyes as bright as the morning sun, Freya welcomed Henrik and shared with him the valley's most precious secret—a hidden grove where time stood still and dreams became reality.

In the heart of the grove, Henrik discovered a shimmering pool fed by a natural spring, its waters reflecting the colors of the surrounding landscape like a mirror. Entranced by the beauty of the pool, Henrik dipped his hand into the cool waters and felt a surge of energy course through his veins.

With Freya's guidance, Henrik learned to harness the power of the pool, unlocking his innermost desires and unleashing his true potential. Together, they explored the wonders of the Secret Valley, delving into its hidden depths and unlocking its ancient mysteries.

As the days turned into weeks and the weeks turned into months, Henrik's bond with Freya deepened, and he came to see her as more than just a guardian of the valley—she was a kindred spirit, a friend, and a mentor.

And though Henrik eventually returned to the outside world, his time in the Secret Valley had changed him forever. With Freya's lessons guiding him, he embarked on a new journey, spreading the magic of the valley wherever he went and carrying its secrets in his heart always.

For the Secret Valley was not just a place—it was a state of mind, a sanctuary for those who dared to dream and a reminder that true magic could be found in the most unexpected of places.

Arktisk Revenes ånd

I den vidstrakte tundraen i Norges arktiske områder, der iskalde vinder ulte og det snødekte landskapet strakte seg til horisonten, bodde en ung jente ved navn Ingrid. Til tross for de barske forholdene, fant Ingrid trøst i den stille skjønnheten til Arktis' villmark, der nordlyset danset over natt himmelen som en himmelsk symfoni.

En frostig morgen, mens hun utforsket det frosne landskapet nær familiens hytte, snublet Ingrid over en liten, skadet arktisk rev. Pelsen dens var sammenfiltret med is, og de ravfargede øynene holdt et hint av frykt. Rørt av medfølelse, løftet Ingrid forsiktig opp reven og brakte den tilbake til hytta, fast bestemt på å pleie den tilbake til helse.

Mens dagene gikk, tok Ingrid seg av revenes sår, ga den varm buljong og pakket den inn i tepper for å holde den varm. Til gjengjeld delte reven sin visdom med Ingrid, og lærte henne Arktis' villmark og hemmelighetene om å overleve i det frosne nord.

Under revenes veiledning lærte Ingrid å navigere det farlige terrenget, fulgte de gamle trekkrutene til reinen og sanket spiselige røtter og bær. Sammen møtte de snøstormer og skred, og smidde et bånd som oversteg ord.

Men da dagene ble kortere og nettene ble kaldere, la Ingrid merke til en forandring i revenes oppførsel. Den ble rastløs, ørene dirret ved den minste lyd, som om den anet noe skummelt på horisonten.

En kveld, mens Ingrid stirret ut på nordlyset som glitret på himmelen, hørte hun et svakt ul. Instinktivt visste hun at fare var i anmarsj - en flokk sultne ulver, trukket av lukten av bytte.

Med tungt hjerte forstod Ingrid at hun måtte slippe den arktiske reven fri, la den returnere til villmarken hvor den hørte hjemme. Tårer rant nedover kinnene hennes mens hun tok farvel med sin trofaste følgesvenn, vel vitende om at tiden deres sammen hadde kommet til en slutt.

Da den arktiske reven forsvant inn i den snødekte villmarken, følte Ingrid en følelse av tap vaske over henne. Men hun følte også en dyp takknemlighet for de lærdommene reven hadde lært henne - betydningen av mot, utholdenhet og den vedvarende kraften i vennskap. I årene som fulgte, bar Ingrid med seg arven fra den arktiske reven hvor enn hun gikk, hentet styrke fra dens visdom og utholdenhet. Og selv om hun aldri glemte sin trofaste følgesvenn, visste hun at deres bånd ville leve videre i den vidstrakte, ubebodde villmarken til Arktis.

The Spirit of the Arctic Fox

In the vast expanse of Norway's Arctic tundra, where the icy winds howled and the snow-covered landscape stretched to the horizon, lived a young girl named Ingrid. Despite the harsh conditions, Ingrid found solace in the quiet beauty of the Arctic wilderness, where the northern lights danced across the night sky like a celestial symphony.

One frosty morning, while exploring the frozen landscape near her family's cabin, Ingrid stumbled upon a small, injured Arctic fox. Its fur was matted with ice, and its amber eyes held a hint of fear. Moved by compassion, Ingrid carefully scooped up the fox and brought it back to her cabin, determined to nurse it back to health.

As the days passed, Ingrid tended to the fox's wounds, feeding it warm broth and wrapping it in blankets to keep it cozy. In return, the fox shared its wisdom with Ingrid, teaching her the ways of the Arctic wilderness and the secrets of survival in the frozen north.

Under the fox's guidance, Ingrid learned to navigate the treacherous terrain, following the ancient migratory paths of the caribou and foraging for edible roots and berries. Together, they braved blizzards and avalanches, forging a bond that transcended words.

But as the days grew shorter and the nights grew colder, Ingrid noticed a change in the fox's behavior. It grew restless, its ears twitching at the slightest sound, as if sensing something ominous on the horizon.

One evening, as Ingrid gazed out at the northern lights shimmering in the sky, she heard a faint howl echoing across the tundra. Instinctively, she knew that danger was approaching—a pack of hungry wolves, drawn by the scent of prey.

With a heavy heart, Ingrid realized that she had to let the Arctic fox go, to return to the wild where it belonged. Tears streaming down her cheeks, she bid farewell to her loyal companion, knowing that their time together had come to an end.

As the Arctic fox disappeared into the snowy wilderness, Ingrid felt a sense of loss wash over her. But she also felt a profound gratitude for the lessons the fox had taught her—the importance of courage, resilience, and the enduring power of friendship.

In the years that followed, Ingrid carried the spirit of the Arctic fox with her wherever she went, drawing strength from its wisdom and resilience. And though she never forgot her faithful companion, she knew that their bond would live on in the vast, untamed wilderness of the Arctic.

Vokteren av Midnattssolen

I de fjerne områdene av nordlige Norge, hvor landet møter havet og solen aldri går ned i løpet av sommermånedene, eksisterte det en avsidesliggende fiskelandsby ved navn Solheim. Innkapslet mellom ruvende klipper og bølgende åser, var Solheim kjent for sine betagende utsikter mot midnattssolen og de levende fargene som malte himmelen under de endeløse sommernettene.

Midt blant de sjarmerende hyttene i Solheim bodde en ung fisker ved navn Lars. Fra ung alder hadde Lars følt en dyp forbindelse til havet og den mystiske tiltrekningskraften til midnattssolen. Hver kveld ville han dra ut på de steinete breddene, kaste garnet sitt ut i de skinnende vannene på jakt etter dagens fangst.

En sommerkveld, mens Lars forberedte seg på å legge ut på sitt nattlige fiskeeventyr, la han merke til et merkelig skinn som kom fra en fjern sjøhule. Fascinert av det mystiske lyset, bestemte Lars seg for å undersøke nærmere, og satte seil i båten sin mot lysets kilde.

Da han nærmet seg sjøhulen, ble Lars møtt av et imponerende syn - en majestetisk havslange med skjell som glitret som nordlyset. Skapningen hadde øyne som lyste med en overjordisk glans, og Lars kunne føle en eldgammel visdom som strålte fra dens dyp.

Til sin overraskelse snakket havslangen til ham med en stemme så mild som de klukkende bølgene, og avslørte seg som vokteren av midnattssolen. I århundrer hadde den passet på landsbyen Solheim, og sørget for innbyggernes sikkerhet under de lange sommernettene.

Beveget av havslangens ord, lovet Lars å ære tradisjonene til landsbyen sin og beskytte den naturlige skjønnheten til midnattssolen. Til gjengjeld ga havslangen ham en gave - evnen til å navigere vannene med enestående ferdigheter og innsikt, og lede ham trygt gjennom de mørkeste av netter.

Med havslangens veiledning ble Lars kjent som Vokteren av Midnattssolen, beundret av landsbyboerne for hans tapperhet og visdom. Hver sommer, når solen sank under horisonten og himmelen eksploderte i et kaleidoskop av farger, ville Lars legge ut på sjøen, hans trofaste båt skjærende gjennom bølgene som et lysende fyrtårn i mørket. Og selv om årene gikk og Lars ble eldre, forble hans ånd sammenflettet med den mystiske tiltrekningskraften til midnattssolen. Så lenge innbyggerne i Solheim stirret opp mot de endeløse sommerhimmelen, ville de huske Vokteren som passet på dem med urokkelig hengivenhet, og sørget for at midnattssolens magi ville leve videre i generasjoner som kommer.

The Guardian of the Midnight Sun

In the far reaches of northern Norway, where the land meets the sea and the sun never sets during the summer months, there existed a remote fishing village named Solheim. Nestled between rugged cliffs and rolling hills, Solheim was known for its breathtaking views of the midnight sun and the vibrant hues that painted the sky during the endless summer nights.

Amidst the quaint cottages of Solheim lived a young fisherman named Lars. From a young age, Lars had felt a deep connection to the sea and the mystical allure of the midnight sun. Each night, he would venture out onto the rocky shores, casting his net into the shimmering waters in search of the day's catch.

One summer evening, as Lars prepared to set out on his nightly fishing expedition, he noticed a peculiar glow emanating from a distant sea cave. Intrigued by the mysterious light, Lars decided to investigate, setting sail in his small fishing boat towards the source of the illumination.

As he approached the sea cave, Lars was greeted by an awe-inspiring sight—a majestic sea serpent with scales that shimmered like the northern lights. The creature's eyes glowed with an otherworldly radiance, and Lars could sense an ancient wisdom emanating from its depths.

To his surprise, the sea serpent spoke to him in a voice as gentle as the lapping waves, revealing itself as the guardian of the midnight sun. For centuries, it had watched over the village of Solheim, ensuring the safety of its inhabitants during the long summer nights.

Moved by the sea serpent's words, Lars pledged to honor the traditions of his village and protect the natural beauty of the midnight sun. In return, the sea serpent bestowed upon him a gift—the ability to navigate the waters with unparalleled skill and insight, guiding him safely through the darkest of nights.

With the sea serpent's guidance, Lars became known as the Guardian of the Midnight Sun, revered by the villagers for his bravery and wisdom. Each summer, as the sun dipped below the horizon and the sky erupted in a kaleidoscope of colors, Lars would set sail, his trusty boat cutting through the waves like a beacon of light in the darkness.

And though the years passed and Lars grew old, his spirit remained intertwined with the mystical allure of the midnight sun. For as long as the villagers of Solheim gazed upon the endless summer skies, they would remember the Guardian who watched over them with unwavering devotion, ensuring that the magic of the midnight sun would live on for generations to come.

Skogens Vokter

I de avsidesliggende skogene i nordlige Norge, der gamle furutrær stod høyt og elvene fløt fritt, levde en enslig bjørn ved navn Bjørn. Med pels så mørk som midnattshimmelen og øyne som glitret som rav, var Bjørn et imponerende nærvær i villmarken, respektert av alle som vandret gjennom landet.

Bjørn var ikke som andre bjørner. Mens hans slektninger ofte holdt seg for seg selv, følte Bjørn en dyp forbindelse til de andre skapningene i skogen - en slektskap som overskred arter og talte til sammenhengen av alt levende.

En sommerkveld, mens solen sank under horisonten og skogen ble badet i skumring, hørte Bjørn et desperat rop som runget gjennom trærne. Etter lyden, kom han over en ung rev fanget i en jegerfelle, labben fanget i de grusomme metallkjevene.

Beveget av medfølelse, nærmet Bjørn seg den redde reven, og med en forsiktig berøring, befridde han den forsiktige reven fra fellen. Reven, takknemlig for sin nyvunne frihet, så opp på Bjørn med øyne fylt av undring og takknemlighet.

Fra den dagen ble Bjørn kjent som Skogens Vokter, en beskytter for alle som kalte skogen sitt hjem. Med sin enorme styrke og milde ånd, passet han på skogens skapninger, sikret deres sikkerhet og velferd.

Men Bjørns rolle som vokter var ikke uten sine utfordringer. Mens menneskelige bosetninger trengte seg lenger inn i villmarken, ble den delikate balansen i skogen truet. Trær ble felt, elver ble forurenset, og dyr ble drevet fra sine naturlige habitater.

Fast bestemt på å beskytte sitt hjem, bega Bjørn seg ut på en oppgave for å bygge broen mellom mennesker og natur. Han dukket opp for tømmerhuggere i deres drømmer, og oppfordret dem til å trå forsiktig på landet og respektere skapningene som bodde der.

Sakte, men sikkert, bar Bjørns innsats frukt. Folk begynte å se på skogen ikke som en ressurs å utnytte, men som et dyrebart økosystem å verdsette og bevare for kommende generasjoner.

Og selv om Bjørns form til slutt ble borte fra den fysiske verden, levde hans ånd videre i hjertene til de som hadde blitt berørt av hans visdom og medfølelse. For Bjørn var mer enn bare en bjørn - han var inkarnasjonen av skogens ville ånd, en tidløs vokter av naturens skjønnhet og rikdom.

The Guardian of the Wilderness

In the remote forests of northern Norway, where ancient pines stood tall and the rivers flowed freely, lived a solitary bear named Bjørn. With fur as dark as the midnight sky and eyes that gleamed like amber, Bjørn was a formidable presence in the wilderness, respected by all who roamed the land.

Bjørn was not like other bears. While his kin often kept to themselves, Bjørn felt a deep connection to the other creatures of the forest—a kinship that transcended species and spoke to the interconnectedness of all living things.

One summer evening, as the sun dipped below the horizon and the forest was bathed in twilight, Bjørn heard a desperate cry echoing through the trees. Following the sound, he came upon a young fox trapped in a hunter's snare, its paw caught in the cruel metal jaws.

Moved by compassion, Bjørn approached the frightened fox and with a gentle touch, he carefully freed it from the trap. The fox, grateful for its newfound freedom, looked up at Bjørn with eyes filled with wonder and gratitude.

From that day on, Bjørn became known as the Guardian of the Wilderness, a protector of all who called the forest home. With his immense strength and gentle spirit, he watched over the creatures of the forest, ensuring their safety and well-being.

But Bjørn's role as guardian was not without its challenges. As human settlements encroached further into the wilderness, the delicate balance of the forest was threatened. Trees were felled, rivers polluted, and animals driven from their natural habitats.

Determined to protect his home, Bjørn embarked on a mission to bridge the divide between humans and nature. He appeared to lumberjacks in their dreams, urging them to tread lightly on the land and respect the creatures that dwelled within it.

Slowly but surely, Bjørn's efforts bore fruit. The people began to see the forest not as a resource to be exploited, but as a precious ecosystem to be cherished and preserved for future generations.

And though Bjørn's form eventually faded from the physical world, his spirit lived on in the hearts of those who had been touched by his wisdom and compassion. For Bjørn was more than just a bear—he was the embodiment of the wild spirit of the forest, a timeless guardian of nature's beauty and bounty.